LIBERTÉ

ET

NATIONALITÉ

PARIS

IMPRIMERIE DE L. TINTERLIN ET Ce

rue Neuve-des-Bons-Enfants, 3.

LIBERTÉ

ET

NATIONALITÉ

PAR

J.-E. HORN

« ..... L'Autriche offre l'unique exemple d'un gouvernement qui confisque à la fois et la liberté et la nationalité... Sa ruine est prochaine; comptez-y! »

(M. DE VINCKE, membre du parlement de Prusse; discours du 4 mai 1860.)

PARIS
E. DENTU, LIBRAIRE-ÉDITEUR
GALERIE D'ORLÉANS, 13, PALAIS-ROYAL.

1860

L'Autriche se croit à la veille d'une nouvelle insurrection nationale; elle a raison. Pour conjurer le danger qui la menace, elle reprend ses manœuvres ténébreuses de 1848; elle se trompe de date.

On vient d'appeler à Vienne les Schaguna, les Mager, les Strossmayer, les Rajacsics, tous les hommes ayant joué un rôle marquant dans les machinations qui aboutirent aux luttes fratricides dont fut ensanglanté le sol hongrois, il y a douze ans. Pourvus d'instructions précises, ces dignes auxiliaires de la cause de l'ordre retournent en ce moment à leurs postes; quelques-uns « travaillent » déjà avec tout le zèle que peut inspirer l'espérance de larges gratifications.

L'œuvre n'en sera pas moins ingrate cette fois. L'Autriche ne réussira plus à paralyser, par les divisions de races, les efforts de la Hongrie libérale. Les populations hongroises n'ont pas trop oublié et elles ont beaucoup appris depuis douze ans; elles ont appris surtout à se connaître, à s'aimer mutuellement et à aimer la liberté par dessus tout; elles ont appris à connaître et à ne pas adorer le moins du monde le système qui les opprime toutes sur le pied d'une parfaite égalité.

Telle est, du moins, la parfaite conviction du « parti du mouvement, » c'est-à-dire de l'universalité des citoyens, en Hongrie. Je partage cette conviction et n'ai pas hésité, sur les instances de quelques amis et compatriotes, à résumer dans les pages qui suivent les faits sur lesquels repose cette conviction, les raisons qui, à notre avis, la justifient de tous points.

J.-E. HORN.

Paris, le 25 juillet 1860.

LIBERTÉ

ET NATIONALITÉ

I.

« La dernière raison des peuples, » telle est la définition que plus d'une fois on a donnée du canon. La définition pouvait autrefois n'être pas d'une vérité parfaite ; elle l'est de nos jours. Dans les siècles précédents et même dans celui-ci, le canon a trop souvent été la première et la dernière, c'est-à-dire l'unique « raison » des conflits internationaux ; en 1848 et 1849, on le vit même, dans plus d'une contrée d'Europe, se poser comme l'arbitre suprême des destinées intérieures des peuples.

Depuis peu, « nous avons changé tout cela, » comme dirait le fameux médecin de Molière : le canon, effectivement, ne juge plus qu'en *dernière* instance. Quelque retentissante que soit encore sa voix, il n'est, au moment actuel, que l'exécuteur infaillible des arrêts d'une autorité bien autrement puissante, l'Opinion publique. En voulez-vous des preuves ? Elles abondent.

Sans nul doute, l'armée française est d'une extraordinaire vaillance ; elle a fait des prodiges sur les bords du Tessin et du Pô ; elle s'est surpassée elle-même à Magenta, à Solferino. Sans nul doute, l'armée sarde s'est montrée digne de combattre à côté de la « grande armée » et pour la plus belle cause qui puisse mettre des bataillons en mouvement. A Montebello, à Palestro, à San-Marino, elle a couvert la tache de Novarre sous une brillante couche de gloire. Mais l'armée autrichienne s'est, elle aussi, battue ici et là avec une insigne bravoure : l'acharnement de toutes les rencontres, les pertes considérables subies de part et d'autre, les bulletins mêmes des vainqueurs, en témoignent hautement..... Pourquoi l'armée franco-sarde a-t-elle néanmoins triomphé si vite et sans être interrompue dans sa marche foudroyante ? Pourquoi, au moment où la défaite pouvait encore, sans folie, ne lui pas paraître définitive, le jeune représentant d'une dynastie dont la ténacité est proverbiale, s'est-il résigné à abdiquer la couronne de fer?

Pourquoi? — Parce que les Franco-Italiens étaient simplement les exécuteurs d'un arrêt prononcé par l'Europe entière; parce qu'avant le premier engagement, l'Autriche avait virtuellement perdu la bataille devant S. M. l'Opinion publique.

L'Empereur Napoléon III, ne se fiant peut-être pas assez à la force indomptable de cette volonté suprême dont il n'était que l'exécuteur en chef, s'arrêta court lorsque l'œuvre entreprise par lui n'était accomplie qu'à demi; les Italiens et les amis de l'Italie crièrent presqu'à la trahison : beaucoup crurent l'avenir de la Péninsule remis en question. Pourquoi les souverains des ci-devant duchés n'osèrent-ils pas rentrer dans leurs « possessions, » que la paix de Villafranca leur avait rouvertes, leur avait, pour ainsi dire, livrées?

Pourquoi? — Parce que l'invincible puissance qui avait assuré dans les plaines lombardes le succès de la cause juste, par ce succès même fortifiée, se prononça contre eux avec une énergie et une netteté telles qu'ils ne purent même pas tenter les chances de l'appel à la « dernière raison. » Nous vîmes alors ce qui jamais ne s'était vu : trois ou quatre souverains abandonner leurs trônes, sans avoir fait perdre une goutte de sang à leurs « chers » peuples.

Les événements de la Sicile sont une preuve nouvelle de cette coopération toute-puissante de l'élément moral dans les luttes modernes, des victoires préalables que remporte l'Opinion et que le canon n'a qu'à ratifier.

Certes, Garibaldi est un des grands génies militaires du dix-neuvième siècle; les hommes qui se sont associés à son expédition sont tous des guerriers d'une vaillance éprouvée, que le feu sacré du patriotisme a pourvus en quelque sorte du talisman de l'invincibilité. Toutefois, Garibaldi et ses héroïques compagnons d'armes seraient, croyons-nous, les derniers à supposer que leur génie et leur courage eussent suffi à faire reculer devant une vaillante poignée d'hommes une armée comme celle du roi de Naples. Orgueil et unique appui de son maître, cette armée avait été, avec un soin tout particulier, préparée, organisée, dressée pour réprimer tout mouvement « séditieux. » Composée de soldats excellents, — Garibaldi, qui s'y connaît, les a proclamés tels, — elle était, par le nombre, de trente à quarante fois supérieure à la troupe assaillante; elle était pourvue d'un immense matériel de guerre, que la petite expédition avait encore à conquérir; elle occupait toutes les positions, quand Garibaldi n'était pas sûr même de la langue de terre où il débarquait..... Les généraux napolitains n'ont cependant pas pu empêcher un millier d'hommes de débarquer, d'avancer aussitôt en maîtres, de traverser les infranchissables défilés de Calatafimi; ils n'ont même pas pu les empêcher de poursuivre leur course victorieuse jusqu'à Palerme et d'en chasser les défenseurs de François II!

Pourquoi? — Parce que devant le héros de Varèse marchait cette fameuse colonne de feu céleste qui jadis avait éclairé et ouvert la route des Israélites dans le désert; là où son souffle ardent se fait sentir, s'éteignent toutes les bouches à feu : simple question de physique. En Sicile et dans le reste de l'Europe, François II était condamné et sa déchéance prononcée virtuellement : voilà ce qui fit reculer les 30,000 baïonnettes du roi de Naples devant les 1,000 bras que commandait le « pirate » Giuseppe Garibaldi.

Est-ce rapetisser les hommes dont les titres à la profonde gratitude des peuples affranchis et à l'admiration de l'Europe sont incontestables, que d'en faire les simples organes exécutifs d'arrêts supérieurs? Assurément non. Rien n'est plus méritoire que de servir la liberté, plus noble que d'obéir à l'Opinion publique, plus glorieux que d'exécuter des volontés suprêmes. Et quand, dans l'accomplissement de cette œuvre, on déploie la promptitude et la vaillance qui, dès aujourd'hui, entourent d'une auréole légendaire les brillants combats de la guerre d'Italie; quand on y apporte l'abnégation et la persévérance qui transforment les Garibaldi en véritables héros de l'antiquité, le dévoûment désintéressé de ses compagnons qui élève la lutte presqu'à la hauteur d'un sacerdoce : on a fait plus, non-seulement pour le bien de l'humanité, mais aussi pour sa propre gloire, que les « grands capitaines » d'un autre âge, quand ils allaient en guerre par simple amour du métier militaire, pour satisfaire une ambition purement personnelle ou pour abreuver une insatiable soif de conquête.

In hoc signo vinces,— les faits que nous venons de signaler le démontrent jusqu'à l'évidence : — pour être, de nos jours, sûr de la victoire dans une lutte armée quelconque, il faut avoir remporté préalablement cette victoire devant le tribunal de l'Opinion publique. Celle-ci ayant décidé, le reste est immanquable. L'armée qui combat en ces conditions, le héros qui l'inspire ou le capitaine qui la commande, se trouvent alors, à leur insu parfois, investis de la puissance de cet être insaisissable que Voltaire a dit le plus spirituel, que nous dirons le plus fort de l'univers : Tout le monde. Le canon devient seulement le héraut d'une sentence suprême, sentence inattaquable comme est inattaquable la cour qui l'a prononcée.

II.

Fort de cet axiome, dès aujourd'hui nous pouvons dire : Dans la lutte entre la Hongrie et l'Autriche, lutte en ce moment encore pacifique, demain peut-être sanglante, la victoire est assurée à la Hongrie avant que n'éclate la première capsule ; l'Opinion publique a prononcé, et son arrêt—pourrait-il, dans l'an de grâce 1860, en être autrement? — son arrêt est de tous points favorable au droit, à la liberté de la nation hongroise.

Il y a moins d'un an, l'existence même d'une question hongroise était mise en doute. La Hongrie s'était tu depuis 1849, et l'on s'était empressé de lui appliquer cet équivoque adage : Qui ne dit mot, consent. On oubliait que le silence du bâillonné ne peut absolument rien prouver ; tout au plus atteste-t-il le comble de l'oppression. La Hongrie, — aujourd'hui tout le monde en convient, — la Hongrie se taisait, non point parce qu'elle vivait heureuse ou indifférente sous le régime néo-autrichien, mais parce qu'on l'avait mise et maintenue dans l'impossibilité d'élever la voix...

L'illusion que les agents autrichiens étaient parvenus à faire à l'Europe sur les vrais sentiments de la Hongrie est détruite à présent, grâce au « Dieu des Magyars » (*Magyarok Istene*) et à la guerre d'Italie. Mis en péril aux bords du Tessin et de l'Adige, le gouvernement viennois n'a pas pu maintenir avec la même rigueur ce système de surveillance minutieuse et de compression absolue, sous lequel la Hongrie était restée depuis 1849 presque immobile, silencieuse, oubliée du monde. Frappé de la baïonnette des zouaves et de la nouvelle *spada d'Italia*, le bras du geôlier a tremblé et, malgré lui, il a laissé se soulever le bâillon qui fermait la bouche de sa grande captive. De cette bouche à peine entr'ouverte, un immense cri de douleur et d'accusation s'est échappé : l'univers l'a entendu. On a appris — non sans quelque étonnement peut-être — qu'il existait encore une Hongrie ; qu'elle réclamait avec autant de vigueur que de persévérance ses droits méconnus et constamment violés ; que, dans son sommeil involontaire, elle n'avait rien oublié du passé ni jamais désespéré de l'avenir.

On dirait que l'opinion publique se sent prise d'un secret remords, tant elle semble pressée de réparer le tort involontaire qu'elle a commis à l'égard de la Hongrie. L'universalité des esprits éclairés avoue aujourd'hui avec une louable franchise qu'elle a été dupe des contre-vérités viennoises quand elle s'est laissé persuader que la Hongrie subissait volontairement le régime inauguré par les gibets et les fusillades du 6 octobre 1849; elle reconnaît que la situation du peuple hongrois est insoutenable; elle admet que le droit est contre l'Autriche; elle entrevoit que tôt ou tard la force se trouvera impuissante pour empêcher le succès des efforts d'affranchissement que fait la nation hongroise.

Tel est du moins le sens des articles si nombreux que la presse européenne, depuis quelques mois, consacre à la Hongrie, à cette même Hongrie que pendant dix ans elle semblait avoir totalement oubliée. Ces mille voix de la presse ne sont pas toutes également favorables à la cause nationale; l'important c'est que la légitimité du mouvement hongrois est admise par ceux-là même qui n'en souhaitent certes pas le succès. Ils y objectent seulement : tantôt la presqu'impossibilité pour la Hongrie de remporter la victoire dans la lutte contre l'Autriche, réputée encore grande puissance aux yeux de ceux qui tiennent aux traditions diplomatiques et aux mythes de convention; tantôt l'extrême difficulté qu'éprouverait une Hongrie, même victorieuse, à contenir les éléments de discorde intérieure que recèlerait son polyglottisme. Ces objections, en apparence très-graves, sont plus spécieuses que fondées.

Où serait donc la prétendue inégalité des chances en défaveur de la Hongrie? Dans ses limites réelles, c'est-à-dire telle que l'ont formée une histoire dix fois séculaire et le droit des gens, telle que l'ont reconnue des traités sacrés et des serments solennels, la Hongrie égale en étendue presque tout le reste de la monarchie : les derniers documents officiels émanant des autorités autrichiennes, lui attribuent une étendue de 5,600 lieues carrées géographiques, soit 48,30 0/0 de l'étendue totale de l'empire d'Autriche, qui est de 11,593 lieues carrées. Quant aux ressources qu'offre cette immense étendue de sol, entourée et défendue par les Karpathes, traversée et fécondée par le Danube et la Theiss, personne n'ignore que c'est un des pays les plus richement doués de l'Europe, le grenier d'abondance de l'Autriche; à commencer par le produit le plus indispensable, le blé, jusqu'à celui qui sert de mesure de valeur et de moyen d'échange pour tous les autres produits, les métaux précieux, et en passant par les plus importants articles de grande consommation, les vins, par exemple, les tabacs, les bestiaux, les laines, la Hongrie les fournit en quantité et de qualité telles que le royaume de Saint-Etienne n'a jamais eu rien à envier, à cet égard, à n'importe quel pays d'Europe. Pour la population, la Hongrie,—toujours prise dans son étendue historique et légale, et non d'après ce que le démembrement arbitraire d'il y a onze ans a laissé subsister sous le titre de Hongrie,— embrasse au delà du tiers de toute la population de la monarchie. D'après le dernier recensement fait en 1857, c'est 13,768,500 habitants sur un total de 37,129,900 âmes. La proportion devient évidemment plus avantageuse encore pour la Hongrie, si l'on en considère la population par rapport à sa *valeur*, surtout au point de vue militaire. S'il y a une qualité que même les défenseurs les plus dévoués de la cause des Habsbourgs n'ont jamais pu contester aux populations hongroises, c'est qu'elles fournissaient et fournissent la partie la plus vaillante des armées autrichiennes. Au reste, en se défendant et en défendant, pendant des siècles, l'Occident chrétien tout entier contre l'envahissement des Turcs, alors tout-puissants, la Hongrie a inscrit en lettres impérissables, dans les annales de l'Europe, les prodiges de courage, de force et de persévérance dont elle est capable. Ses Bocskai, ses Bethlen, ses Tököli, ses Ràkòczy, l'ont appris à l'Autriche elle-même. Durant trois siècles, la Hongrie a repoussé victorieusement les attentats de ses maîtres viennois et maintenu intactes son autonomie, sa liberté et sa nationalité, toujours menacées tantôt par les intrigues et tantôt par les violences des Habsbourgs.

En parlant ainsi, nous supposons que le gouvernement viennois pourrait, au moment décisif, opposer à la Hongrie soulevée pour reconquérir son indépendance, tous les éléments de force et de résistance que semblent lui fournir les autres provinces de la monarchie. Mais la supposition est plus que téméraire; elle manque aujourd'hui de toute vraisemblance. Ecartons même la Gallicie, qui se remue fortement, malgré les soixante-dix ans d'oppression sous lesquels on croyait avoir étouffé chez elle toute veilléité d'indépendance. Ne parlons pas non plus des mécontentements qui se manifestent en Bohême et dans le reste de la monarchie, jusque chez ces « braves Tyroliens, » qu'à Vienne on aimait à citer comme le modèle de l'inébranlable attachement à la dynastie. Mais qui imaginerait que la Vénétie assistera les bras croisés à la lutte d'affranchissement qu'entreprendrait la Hongrie? Personne assurément.

La Hongrie a prouvé en 1848-49, comme elle avait prouvé en 1605, en 1620, en 1682, qu'elle est de taille à se mesurer avec l'Autriche. Malgré le concours fourni au despotisme par la guerre civile qu'il avait suscitée entre les diverses races de la Hongrie, l'Autriche a été vaincue promptement, totalement: dans la courte campagne d'avril 1849, l'armée improvisée des Honvéds chassa devant elle les bataillons dits invincibles de l'Autriche, et les repoussa jusqu'aux frontières du pays. Il a fallu l'intervention de l'armée moscovite et la trahison du Görgeï pour écraser les Hongrois victorieux.

C'est, en effet, avec la Russie que ses ennemis intimes et ses amis ultra-timides voudraient, aujourd'hui encore, effrayer la Hongrie. Ils oublient les brèches que la guerre de Crimée a faites à la puissance moscovite; ils oublient l'ingratitude dont l'Autriche a payé son sauveur; ils oublient les profonds changements qui, depuis la mort de Nicolas Ier, se sont produits et se produisent dans la situation intérieure de la Russie; ils ne tiennent pas compte de la force acquise en ces derniers temps au principe de la non-intervention, que les puissances occidentales proclament hautement et soutiennent avec énergie, que les autres puissances respectent forcément.

Donc, à tous les égards, la situation est aujourd'hui infiniment plus favorable pour la Hongrie qu'elle ne l'était il y a douze ans. Pourquoi la nation hongroise échouerait-elle là où jadis elle réussit si merveilleusement? Pourquoi succomberait-elle dans l'arène d'où de moins forts qu'elle sont sortis et sortent victorieux?

Quoi qu'en disent les fanatiques intéressés de l'absolutisme et les amis pusillanimes de la liberté, ce n'est pas dans l'Europe de 1860 qu'une cause dont la justice est incontestable et qui est soutenue par un peuple à la vaillance éprouvée, doit redouter la défaite; ce n'est pas dans notre époque d'affranchissement général des opprimés, qu'une nation vivace, grande et forte, peut périr d'une mort violente ou être condamnée à une éternelle agonie.

On commence à s'en apercevoir, jusque dans le camp autrichien. Aussi les plus habiles appuient-ils moins sur ces objections générales; ils se cramponnent aux difficultés toutes particulières que la Hongrie, pour devenir et rester libre, rencontrerait dans la composition même de ses populations; ils font promener sous nos yeux le « spectre rouge » de cette lutte fratricide des races qui, en 1848-1849, a, hélas! ensanglanté les plaines hongroises. Ils s'appliquent à faire prendre ce funeste incident pour une sorte de fatalité permanente, suspendue comme l'épée de Damoclès sur le présent et l'avenir de la Hongrie pour l'empêcher éternellement de se constituer indépendante et une.

Evidemment, ou les publicistes qui parlent ainsi sont de mauvaise foi, ou bien ils ne connaissent de l'histoire et de l'état intérieur de la Hongrie que ce qu'il a plu au gouvernement autrichien de leur en apprendre : c'est peu de chose, assurément, mais c'est radicalement faux.

III.

Le dicton populaire veut qu'on s'abstienne de parler corde dans la famille du pendu; la délicate « sagesse » de ce proverbe se comprend aisément : pas à Vienne, toutefois, à ce qu'il paraît. N'est-il pas, en effet, plus que singulier d'entendre les avocats de l'Autriche arguer contre la Hongrie des diversités de langues et de races de ses habitants, et prétendre que cette diversité équivaut, pour l'État qui en est affligé, à une impossibilité d'existence ? Il serait difficile qu'on formulât d'une façon plus ingénue et plus nette, l'arrêt de mort de — l'Autriche.

L'empire des Habsbourgs, on l'a dit et prouvé nombre de fois, n'est point une nation ni même un État dans l'acception habituelle du mot : c'est une agglomération de peuples, un assemblage de pays, réunis sous le même sceptre par les moyens qu'aucun n'ignore ; parmi ces moyens, le libre choix des peuples occupe la dernière place, s'il en occupe une quelconque. L'empire d'Autriche, — dénomination qui, elle-même, ne date que de 1804, — renferme des Allemands, des Hongrois, des Slaves, des Italiens et une foule d'autres nationalités, excepté des Autrichiens. Personne ne saurait dire au juste quel est, sous le rapport de la nationalité, le caractère prédominant de la monarchie des Habsbourgs. A Vienne même, on n'a jamais pu formuler une réponse précise à cette question, de laquelle dépend pourtant l'avenir de la monarchie.

Un statisticien officiel, M. Hain, dont le « *Manuel statistique de l'empire d'Autriche* » (Vienne, 1852-53) a été composé d'après le recensement de 1850 à 1851, groupe comme suit, les 37,584,000 habitants que renfermait alors l'Empire : — 15,282,000 *Slaves*, lesquels se subdivisent, au nord, en Slovaks, Tchèques, Polonais et Ruthènes ; au midi, en Slovènes, Croates et Serbes ; — 8,105,000 *Romans*, dénomination qui embrasserait à la fois les Italiens et les Valaques ; — 7,917,000 *Allemands*, plus homogènes, quoique parmi eux l'on puisse distinguer les groupes des Hauts et Bas-Allemands ; — enfin 6,280,000 *Asiatiques*, qui, sauf un nombre fort insignifiant de petits fragments de peuples, tels que les Bohémiens, comprendraient l'ensemble de la race magyare. Ces chiffres sont fort sujets à contestation ; en les prenant pour ce qu'ils valent, pour l'expression de la vérité *approximative*, ils donnent déjà une singulière idée de l'*unité* de la monarchie autrichienne ! Cependant, les chiffres ne *disent* pas tout ; pour les apprécier à leur juste valeur, il faut tenir compte de deux circonstances capitales qui en aggravent singulièrement la portée.

C'est d'abord que, sous le rapport territorial, chacun des trois premiers groupes est entrecoupé par des îlots plus ou moins grands, où habitent des nationalités appartenant aux autres groupes. Ainsi les Slaves du nord et ceux du sud, ces deux branches de la grande famille slave, sont séparés les unes des autres par toute l'étendue à peu près de la Hongrie centrale.

Celle-ci sépare aussi les Allemands de l'ouest de ceux qui peuplent à l'est une partie de la Transylvanie. La distance géographique n'est pas moindre entre les Italiens et les Valaques, réunis par le statisticien officiel sous le nom générique de Romans. Le territoire des Magyars seul présente une masse à peu près compacte, puisque les Magyars et les Sicules se trouvent réunis sur le sol de la Hongrie et de la Transylvanie, sans une solution de continuité un peu importante.

En second lieu, toutes ces nationalités, à l'exception — encore une fois — de la nationalité magyare, ont leurs points d'attraction, leurs centres de gravité, en *dehors* des limites de l'Empire : fait dont la gravité politique n'a pas besoin d'être signalée. Ainsi, les huit millions d'Allemands de l'empire d'Autriche se sentent toujours attirés d'esprit et de cœur vers leurs quarante millions de nationaux qui forment la grande Confédération germanique ; Vienne est bien leur centre administratif, mais leur véritable centre politique et moral est plutôt Francfort, Berlin, Dresde, Munich ; ils se considèrent comme une fraction minime de la grande patrie, aujourd'hui divisée, mais à laquelle l'avenir pourra apporter l'unité. Quant aux quinze millions de Slaves de l'Autriche, on sait de quel côté se dirigent plus ou moins leurs aspirations ; personne ne croira que la capitale du futur empire panslaviste que parmi eux rêvent les exaltés, aurait son centre à Vienne, à Prague, à Lemberg ou à Agram. Avons-nous besoin de dire, enfin, où se portent aujourd'hui les désirs des Vénitiens ou *Romans de l'Ouest*, comme ils sont appelés par le statisticien officiel ? Milan et Rome, Turin et Naples les attirent infiniment plus que Vienne. De leur côté, les Romans de l'Est, c'est-à-dire les Valaques, voient dans la Moldo-Valachie le Piémont de la future Daco-Roumanie.

A tous ces points de vue, la situation de la Hongrie, isolée, diffère radicalement de celle de la monarchie dite unitaire, et les différences sont toutes en faveur de la Hongrie.

S'il y a lieu de suspecter la véracité de la statistique officielle, c'est bien dans les données relatives à l'ethnographie de la Hongrie ; on se rappelle que le premier recensement de 1850 avait fait ressortir, au gré du cabinet de Vienne, « trop de Magyars ; » le recensement fut refait par des officiers autrichiens qui, dans leurs listes, attribuaient à chaque habitant la nationalité qui leur plaisait. Tenons-nous en, malgré tout, aux chiffres *officiels*. La Hongrie, dans les limites restreintes où le gouvernement viennois l'a arbitrairement renfermée depuis 1849, compterait 8,627,000 habitants, et cette population se décomposerait de la manière que voici :

	Nombre d'habitants	Pour cent du total.
Magyars. . . .	4,469,700	51.8 0/0
Slaves.	1,952,000	22.6
Allemands. . .	836,500	9.7
Valaques . . .	566,700	6.5
Autres	802,100	9.4
Total égal. .	8,627,000	100.00

L'élément germanique que le cabinet viennois voudrait de toute force imposer à la Hongrie, n'est donc représenté en cette contrée que par une très-faible minorité, à peine le *dixième* de la population totale. Par contre, l'élément magyar auquel ce cabinet voudrait presque contester le droit même à l'existence, possède à tous égards la supériorité numérique. A lui seul il représente la grande moitié entièrement homogène de la population, tandis que la moitié plus faible se trouve divisée en plusieurs groupes, fortement subdivisés eux-mêmes : le nom générique de Slaves, par exemple, dans le tableau qui précède, embrasse des Slovaks, des Slovènes, des Croates, des Serbes. Cette supériorité numérique de l'élément magyar est rehaussée par les avantages de la répartition géographique : le territoire magyar occupe dans le centre du royaume ce qu'on appelle la grande plaine hongroise et une partie de la petite plaine ; les peuples de famille slave sont relégués, en quelque sorte, aux confins du royaume, où ils forment comme un cercle autour du grand noyau magyar ; les Allemands n'habitent un territoire continu qu'au sud du Danube, et encore ce territoire est-il entrecoupé de nombreux îlots croates.

Dans les comitats arrachés en 1849 à la Hongrie pour les constituer en Voïvodie serbe, les Magyars seraient en minorité : 233,000 habitants sur un total de 1,496,000 ; mais les Serbes, auxquels le cabinet de Vienne a prétendu faire don de cette partie de l'inaliénable royaume de Saint-Etienne, ne forment eux-mêmes qu'un peu plus du quart (403,000 âmes) de la population ; ils sont en minorité absolue vis-à-vis des Valaques (416,000 âmes), et ne sont pas grandement supérieurs aux Allemands (352,000) : il s'agit du *nombre*, bien entendu, puisque c'est lui qu'on invoque toujours à Vienne, où l'on ne sait que compter les têtes d'habitants, où l'on ne sait pas les peser.

La race slave n'est incontestablement supérieure en nombre à la race magyare et aux autres qu'au sud, en Croatie, pays qui, du reste, au temps où la Hongrie était libre, jouissait d'institutions particulières qui suffisaient au développement de sa nationalité. Sur une population totale de 876,900 habitants, la Croatie compterait 631,100 Croates et 224,200 Serbes ; voilà certes des chiffres décisifs. Le gouvernement viennois n'en tient pas compte le moins du monde. Depuis 1849, la Croatie a été, elle aussi, livrée, comme la Hongrie proprement dite, aux agents germanisateurs du cabinet Bach-Schwarzenberg. Jamais la Hongrie, pénétrée du respect de la nationalité, n'adopterait, à l'égard des habitants de la Croatie, une pareille politique de *dénationalisation*. Les Croates, nombre de faits l'attestent, en sont aujourd'hui parfaitement convaincus, et voilà pourquoi, chaque fois qu'ils peuvent faire entendre leur voix ou trahir, d'une façon plus ou moins prononcée, ce qui remue leur cœur, ils déclarent tous aspirer ardemment à échanger la situation que leur a créée le bon plaisir des ministres viennois contre le retour plus ou moins entier aux anciens rapports légaux ; voilà pourquoi ils désirent associer le sort d'une Croatie réellement libre à celui d'une Hongrie autonome.

Les conclusions découlent pour ainsi dire toutes seules des faits qui précèdent; nous en signalerons deux seulement. La première, c'est que pour l'empire des Habsbourgs, ses rapports ethnographiques constituent effectivement une impossibilité d'existence, d'existence libre tout au moins; la force seule peut maintenir ou plutôt contenir une agglomération aussi hétérogène, où pas une nationalité n'est assez supérieure en nombre aux autres pour leur servir de noyau et imprimer son cachet à l'ensemble. L'élément germanique dont le cabinet viennois voudrait se faire un instrument de domination, ne représente pas même le quart de la population; tout au plus, l'élément slave, en possession de la majorité *relative*, pourrait-il aspirer à la domination : on sait au profit de qui tournerait le succès de ces aspirations; ce ne serait certes pas au profit de François-Joseph. La seconde conclusion c'est, qu'en écartant même toute considération historique ou politique, en envisageant uniquement les rapports numériques des populations, la Hongrie a tous les droits et réunit tous les éléments pour être Hongroise. Nous disons Hongroise, nous ne disons pas Magyare ; car, quoiqu'en prétendent des calomniateurs « inspirés » ou ignorants, jamais les Magyars n'ont eu l'idée d'abuser de leur supériorité numérique ni d'aucun autre titre qu'à la rigueur ils pourraient faire valoir, pour imposer leur nationalité aux habitants non-magyars de la Hongrie ; ils n'ont jamais voulu et ne veulent aujourd'hui, en ce qui concerne la question de langue, qu'empêcher les Habsbourgs d'*autrichianiser* la Hongrie sous prétexte de la *germaniser*. Les populations non-magyares de la Hongrie, revenues de l'égarement momentané de 1848-49 (la cour de Vienne, fidèle à ses habitudes invétérées d'ingratitude « étonnante, » le leur a fait chèrement expier !), le reconnaissent aujourd'hui très-bien ;

ainsi l'avaient-elles, au surplus, compris de tout temps.

IV.

Vous eussiez demandé avant 1848, vous demanderiez aujourd'hui à un Slave, à un Allemand, habitant la Hongrie : « Qui êtes-vous? » Il vous aurait répondu et vous répondrait encore : « Je suis Hongrois ! » Dans la langue nationale, Hongrois se traduit par *Magyar*, comme Hongrie se traduit *Magyar-Orszàg*. Mais ce nom de Magyar, si souvent exploité dans ces derniers temps contre la Hongrie, n'a jamais signifié autre chose historiquement et politiquement que *Hungarus* dans l'idiome latin du moyen âge, *Ungar* en allemand, *Hongrois* en français, et a toujours été porté avec orgueil indistinctement par tous les habitants du royaume. Tant il est vrai que ce royaume était reconnu par les nationalités non-magyares elles-mêmes comme étant Hongrois d'origine, de constitution, de génie, de civilisation.

Pouvait-il en être autrement? Les faits ne parlent-ils pas assez haut pour écarter tout équivoque? Ce sont les petits-fils des Huns et des Avares, qui, revenus à la fin du neuvième siècle sous leur duc Arpad, dans les plaines du Danube et de la Theiss, ont fait la Hongrie, l'ont organisée, l'ont dotée des institions politiques, maintenue et défendue pendant des siècles contre tout ennemi intérieur et extérieur. Maîtres du pays, quelle fut leur préoccupation? Asservir les habitants d'autres races qu'ils y ont trouvés, fermer l'accès de leur contrée aux étrangers? Non ; dès l'origine, on voit les vainqueurs partager tous les droits politiques et civils avec les populations soumises. Jamais les droits ou l'absence de droits n'ont été basés sur la race. Les titres nobiliaires, les dignités militaires et civiles, étaient décernés, sans exception de nationalité, à tous les habitants possédant les qualités voulues, selon leur valeur et leur mérite.

Les Hongrois firent plus : à l'équité envers les nationalités déjà établies dans le pays, ils joignirent la plus large hospitalité envers les étrangers; de toute façon, ils appelèrent et favorisèrent l'immigration. Dès le dixième siècle, ils se renforcent de Ruthènes, de Biscènes et de Cumans ; sous Saint-Étienne, un grand nombre d'Italiens et d'Allemands viennent se joindre à eux ; tous les rois de l'époque arpardienne (999-1301), particulièrement Geyza II, André II, Bela IV, pratiquent l'hospitalité de la même manière que le fondateur de la monarchie. Plus tard, dans l'époque dite mixte (1301-1526), des milliers de Hussites viendront chercher sur le sol libre de la Hongrie un refuge contre les persécutions que la religion leur attire en Bohême; dans les siècles qui suivent, sous les rois de la famille des Habsbourgs (1526-1848), les Serbes accourront par cinquantaines de milliers pour échapper au despotisme turc. Réfugiés ou immigrans, Saxons ou Serbes, protestants ou schismatiques, ils sont tous reçus à bras ouverts et admis, dans les limites de la Constitution, à la jouissance de tous les droits et avantages que celle-ci confère aux habitants du royaume.

Était-ce là la meilleure politique? Dans l'intérêt même du pays, n'eût-il pas mieux valu, dès l'origine, tendre à l'unification et rendre vraie, dans un sens strict et étroit, la dénomination de la contrée : *Magyar-Orszàg*, « Pays des Magyars? » La question a été plus d'une fois soulevée dans ces dernières années; nous ne voulons pas la trancher ici incidemment. Nous constatons le fait. Jamais il n'y eut en Europe nation conquérante moins dominatrice; tout le passé de la Hongrie réfute de la façon la plus catégorique les calomnies néo-autrichiennes sur les tendances d'absorption et d'oppression que la race magyare nourrirait à l'égard des autres nationalités. L'histoire hongroise est remplie de luttes extérieures et intérieures, politiques et religieuses; jamais pourtant on n'a vu les Slaves, les Allemands, les Valaques, en profiter pour secouer le « joug odieux » des Magyars. Preuve manifeste que la rivalité des races n'est point, comme on voudrait le faire croire, inhérente, fatalement inhérente à la constitution même de la Hongrie; bien loin de là, elle est d'origine toute récente et de nature toute factice : elle est due uniquement aux manœuvres ténébreuses de ceux qui espéraient affaiblir la Hongrie en la divisant.

L'unique point d'appui ou plutôt l'unique prétexte à ces machinations a été pris dans les efforts que de notre temps le parti du progrès a faits, depuis 1825 surtout, en faveur de la langue magyare. Jamais cependant œuvre de résurrection nationale n'a été plus légitime. Voici l'alternative qu'avait la Hongrie :

Ou elle pouvait consentir au maintien du *statu quo*, c'est-à-dire laisser le latin régner en maître presque absolu à la Diète, dans le code, dans les tribunaux, dans l'enseignement et jusque dans l'administration : agir ainsi, c'eût été rendre impossible tout développement politique, social, intellectuel et même matériel, puisque, par l'emploi d'une langue morte, on excluait l'immense majorité des populations de tout emploi, de toute dignité, de toute participation même indirecte à la discussion des affairaires publiques, au maniement des intérêts généraux.

Ou la Hongrie pouvait *laisser faire* au gouvernement viennois qui, tantôt avec une franchise brutale comme sous Joseph II, tantôt avec plus d'habileté que de loyauté comme sous Marie-Thérèse et sous François Ier, travaillait à supplanter le latin par la langue allemande : c'eût été aggraver le mal, et échanger la langue de Cicéron, comprise au moins par « l'intelligence, » pour la langue de l'infime minorité des populations; cette langue avait en outre l'immense inconvénient d'être la langue du dominateur étranger, c'est-à-dire l'instrument des tendances absolutistes de la cour de Vienne, le moyen le plus sûr d'austrianiser la Hongrie libre et autonome.

Qui s'étonnera, qui osera blâmer la Hongrie, si, au lieu de se décider entre ces deux voies également mauvaises, elle préférait en choisir une troisième ; si elle s'appliquait à ressusciter la langue nationale, à laquelle les malheurs intérieurs et extérieurs et les intrigues des maîtres viennois avaient seuls fait perdre la place qu'anciennement elle avait occupée sans conteste, la place qui lui revenait tout naturellement dans la gestion des affaires publiques?

Toute légitime et indispensable qu'était cette réinstallation de l'idiome national dans ses droits séculaires, on l'opéra néanmoins avec une extrême lenteur, avec tous les ménagements possibles. Deux dates en diront assez. La loi qui inaugure ce mouvement est de 1790 — 91 : pour répondre aux provocations de Joseph II qui veut la mort et rien que la mort de l'idiome national, du moins comme langue officielle, la Diète de 1790-91 exige que le texte des lois soit désormais accompagné, dans le code même, d'une traduction hongroise également authentique. Or, ce n'est que cinquante-quatre ans après que cette mesure reçoit son complément naturel, lorsque la Diète de 1844 impose à tous ses membres l'obligation de n'employer dans la discussion parlementaire que la langue magyare; encore cette obligation n'entrera-t-elle pas immédiatement en vigueur. Voilà bien ce que l'Allemand appelle « *Eile mit Weile,* » se hâter lentement ! Aussi, tous les amis de la liberté et du progrès, sans distinction d'origine ni de race, applaudirent-ils aux efforts du parti national et les secondèrent-ils de leur mieux.

Ils applaudirent à ces efforts et les secondèrent, non-seulement parce qu'ils les jugeaient parfaitement fondés en raison et en droit, mais encore et surtout parce que le mouvement national était en même temps essentiellement libéral; parce que fortifier les tendances nationales c'était créer le plus puissant levier de progrès et le plus sûr instrument de défense contre les tendances réactionnaires d'en haut. Les Széchenyi, les Kossuth, les Wesselényi, les Déak, les Eotvœs. les Teleki, en un mot, les plus ardents propagateurs du magyarisme, étaient en même temps les libéraux les plus avancés; c'étaient les mêmes hommes qui travaillaient avec autant de zèle que de courage à ce que la Hongrie, Etat constitutionnel, conservât, développât son autonomie vis-à-vis des États héréditaires des Habsbourgs et entrât résolument dans la voie ouverte par la révolution de 1789.

Voyez plutôt ce qui se passa au printemps de 1848! Ébranlée par la peur, la cour de Vienne cède forcément. L'antique autonomie de la Hongrie redevient une vérité par l'institution d'un « ministère national indépendant; » le pouvoir est aux mains des hommes qui, depuis vingt ans, ont dirigé le mouvement national et libéral; ils s'empressent, cela va sans dire, de faire décréter par la Diète l'abolition de tous les droits féodaux, l'égalité complète de tous les citoyens devant la loi, la liberté de la presse, de l'association. Mais quel usage font-ils de leur pouvoir, presque illimité en ce moment, vis-à-vis des nationalités non-magyares? A peine institué, le ministère Batthyany invite le ban Jellachich à venir prendre place au conseil de la couronne, pour y exposer les vœux des Croates. Jellachich, qui a reçu des instructions « intimes, » ne bouge pas. Malgré cette avance repoussée, le cabinet Batthyany, ne voulant laisser subsister aucun doute sur ses intentions conciliatrices, offre de réformer les articles de la loi de 1844, où les agitateurs prétendaient voir des attentats contre la nationalité croate. Il explique clairement que si la langue hongroise était officielle pour toutes les affaires générales, l'usage de la langue croate n'en restait pas moins libre dans les écoles, dans les tribunaux, dans l'administration intérieure, et même dans la congrégation centrale des trois comitats de la Croatie. Il fait plus que d'expliquer la loi; de lui-même il la *viole* en décidant que tous les décrets, toutes les ordonnances et communications ministérielles, seraient expédiés aux autorités croates avec la traduction slave à côté du texte hongrois; même dans ses relations avec les autorités centrales du royaume, la Croatie pouvait se servir de sa langue nationale..... L'agitation n'en poursuivit pas moins le cours funeste que lui avaient déterminé ceux qui la soldaient. Destitué d'abord par le roi de Hongrie, le ban Jellachich qui organisait à Agram et dirigeait la guerre civile, fut rétabli par l'empereur d'Autriche dans tous ses honneurs et dignités, au moment où la cour crut l'heure venue de lui faire envahir la Hongrie.

En même temps que la Hongrie libérale témoignait envers la Croatie de son extrême esprit de condescendance, l'attitude des Serbes montrait quelles auraient été les tendances et l'attitude des populations non-magyares si elles n'avaient reçu conseil que de leur bon sens et de leurs intérêts bien compris. Les « conquêtes de mars » reçurent d'abord, parmi les Serbes, un accueil des plus favorables. Dans l'une de leurs villes les plus importantes, à Neusatz, eut lieu une éclatante manifestation pour célébrer le triomphe pacifiquement remporté par la Hongrie sur l'Autriche. Les Serbes envoyaient une députation à Presbourg, chargée de remercier la représentation nationale des réformes accomplies et de lui exprimer les vœux particuliers de la nationalité serbe. Cette députation, reçue par la Diète la veille même de sa clôture, déposa sur le bureau une pétition en dix-sept articles; dans cet important document, qui obtint le meilleur accueil, les Serbes déclaraient admettre la langue hongroise comme la langue officielle du royaume de Hongrie ; en exposant leurs vœux et leurs besoins au point de vue politique et religieux, ils proclamaient hautement qu'une partie de leurs vœux ayant été déjà réalisée, et le reste ne devant pas manquer de l'être, ils étaient prêts *à vivre et à mourir pour la Hongrie!.....*

On en avait autrement décidé à Vienne; la « Camarilla » s'empressait de récolter ce qu'avec tant de zèle elle avait semé depuis vingt ans, dans le but précisément de rompre, au moment donné, l'unité du mouvement libéral en Hongrie, par les divisions de races. Dès le 20 avril, une assemblée populaire travaillée par les agents autrichiens, demandait que les contrées habitées en partie par les Serbes fussent séparées du royaume de Saint-Etienne, dont, en tout temps, elles avaient fait partie intégrante, et où la Hongrie avait si hospitalièrement accueilli les réfugiés serbes. Le 13 mai, la grande assemblée populaire de Carlovicz déclarait ouvertement la guerre à la Hongrie, et bientôt les hostilités commençaient..... d'une façon digne des augustes promoteurs de cette lutte fratricide.

La main de l'Autriche, comme chez les Serbes et les Croates, apparaît, semant la haîne, chez les Saxons et les Valaques de Transylvanie. Partout on lutte contre la Hongrie, démocratiquement réformée, avec des armes, des canons autrichiens, avec l'appui de l'armée régulière autrichienne, sous les ordres des généraux autrichiens, et, comme disait Jellachich en passant le Drave : « Pour l'empereur d'Autriche contre le roi de Hongrie, » c'est-à-dire sous prétexte de nationalité contre la liberté et l'égalité !

V.

Nous n'entrerons point dans le triste détail de la guerre civile dont nous venons d'indiquer les vraies causes et le point de départ. L'Europe se souvient encore d'avoir vu l'ennemie naturelle des nationalités, la maison de Habsbourg, se poser tout à coup en amie des races soi-disant asservies, contre un peuple vraiment libre et libéral. Elle frémit encore en se rappelant combien de sang il a fallu verser pour que, sur des cadavres de nations, l'une par l'autre abattues, se dressât le despotisme le plus entier, l'autocratie la moins scrupuleuse.

Dès le lendemain de l'écrasement de la liberté hongroise par les Austro-Russes, les malheureux égarés qui avaient, sous le drapeau *jaune-noir*, combattu leurs frères s'aperçurent qu'ils venaient de consommer leur suicide.

Sous l'égide de la Constitution hongroise, même avant qu'elle fût réformée démocratiquement, les Croates, les Serbes, les Saxons transylvains avaient joui, autant que les Hongrois, de la liberté politique et religieuse, de tous les avantages du *self government* aristocratique ou bourgeois. Les Serbes et les Croates, réunis ou annexés fédérativement à la Hongrie, étaient incomparablement plus libres sous la prétendue oppression hongroise que n'étaient leurs frères en n'importe quel pays d'Europe, en Russie, par exemple, où ils sont censés être les maîtres. Les Saxons, en Transylvanie, étaient infiniment mieux partagés que ne l'étaient leurs frères de race en Allemagne même, car chez eux s'était conservé dans toute sa pureté l'ancien régime municipal germanique. Grâce aux lois de 1848, les Valaques auraient joui de la plénitude des droits civils et politiques, avec pleine autonomie, quant à l'usage de leur langue, à la pratique de leur religion, au développement de leur nationalité.

Les lois de 1848 et la Constitution antique étant détruites, qu'est-ce que l'Autriche donna aux malheureux peuples qui l'avaient aidé à ruiner la Hongrie? — Rien, et elle leur ôta tout.

Elle leur avait promis une organisation autonome, la protection particulière de leur nationalité, des institutions représentatives. La Hongrie renversée, elle la démembra et en tailla trois « pays de la couronne » séparés : la Croatie, augmentée de la Slavonie et du littoral hongrois; la Transylvanie; la Voïvodie serbe improvisée selon le vœu de quelques meneurs « inspirés. » Mais, à chacun de ces « pays de la couronne » elle ne donna ni développement national, ni organisation politique autonome, ni institutions représentatives. La fameuse

« égalité des droits entre toutes les nationalités » (*Gleichberechtigung der Nationalitaeten*) que le gouvernement de François-Joseph proclama en 1849 et 1851, devint dans l'Empire « un et indivisible, » l'égalité de la servitude entre toutes les nationalités.

« Il y a, disait M. de Vincke, le 4 mai dernier, à la tribune du parlement prussien, il y a tel État où la liberté est confisquée, mais où le sentiment national trouve entière satisfaction ; dans tel autre État, la nationalité est plus ou moins sacrifiée au principe de la liberté... L'Autriche offre l'unique exemple dans l'histoire antérieure et contemporaine, d'un gouvernement qui confisque et la liberté et la nationalité... L'Autriche doit exister, — si elle le peut, — comme Etat absolutiste ou périr. »

Rien n'est plus vrai. Aussi vit-on l'Autriche, dès le lendemain de la crise qui avait failli l'emporter, rentrer avec toute la décision que peut donner l'instinct de la conservation, dans sa voie naturelle. Enivrée de son équivoque victoire due à la trahison et à l'aide d'une puissance étrangère, elle entreprit de réaliser son rêve éternel de fusion et de nivellement ; elle voulut étouffer toutes les nationalités et toutes les libertés, pour couler tous « ses » peuples dans le même moule pseudo-germanique, en réalité habsbourgeois. Œuvre non moins absurde qu'inique, et que l'Allemagne elle-même, dont l'Autriche prétend servir les intérêts par ses efforts de germanisation, est la première à blâmer, à condamner. Tout récemment encore, les organes de l'opinion libérale se sont associés unanimement à la voix éloquente de M. de Vincke pour flétrir l'usage que le gouvernement viennois fait du germanisme, pour dénoncer son despotisme germanisateur comme soulevant la haîne et le mépris du nom allemand chez tous les peuples qu'il atteint et dans toutes les âmes justes.

Ce n'est point, en effet, par sa civilisation si avancée, par ses aspirations libérales et humanitaires, par sa littérature si riche et ses immenses progrès dans les arts, que l'Allemagne domine là où l'Autriche est maîtresse ; l'élément germanique n'est révélé dans les pays autrichiens que par une bureaucratie avide et brutale, ne connaissant d'autre loi que l'ordre de ses supérieurs, d'autre intérêt que l'avancement et les gratifications. En un mot, le germanisme du cabinet de Vienne est purement et simplement, — qu'on nous pardonne d'employer ce terme barbare, — de l'*autrichianisme*. L'Allemagne n'en doit pas être réputée responsable ; aucun esprit sensé en Hongrie ne pense étendre sur l'Allemagne, qu'on aime et qu'on estime, les sentiments tout à fait contraires qu'inspire le régime autrichien.

La germanisation autrichienne n'a qu'un but : asservir matériellement, intellectuellement, politiquement et moralement, les malheureux peuples que le hasard, la force et la ruse ont rangés sous le sceptre de la dynastie de Habsbourg-Lorraine. Les nationalités slave, allemande, roumaine, s'en sont depuis dix ans aperçu, comme la nationalité magyare. Dès le lendemain de la défaite, les auxiliaires du despotisme autrichien ont manifesté hautement combien ils se repentaient d'avoir coopéré à la destruction de cette liberté hongroise dont ils jouissaient eux-mêmes ; qu'ils sont prêts à s'unir de sentiments et d'efforts à cette même nationalité hongroise qu'hier ils ont combattue les armes à la main.

VI.

Au moment d'inaugurer le nouveau système de gouvernement, créé par MM. Bach et Schwarzenberg, l'Autriche entreprit de démontrer à l'Europe et de se prouver à elle-même que toutes les races existaient en Hongrie, excepté la race abhorrée des Magyars. Un recensement, non pas impartial, mais aidé de tous les moyens d'intimidation dont jouit l'autorité militaire lorsque règne l'état de siége, un recensement fut fait. Quel en fut le résultat? Là où l'on eût voulu trouver beaucoup moins de Magyars qu'il n'en existe réellement, on en découvrit *huit millions !* Pour manifester leur hostilité contre la domination autrichienne, *trois millions* de non-Magyars s'étaient fait inscrire au nombre de ses ennemis reconnus. Ne voulant pas se donner à lui-même un pareil démenti, le cabinet de Vienne fit recommencer le recensement *sous le contrôle de l'armée.* Les officiers déterminèrent la race militairement, d'après l'apparence des noms et sur la façon plus ou moins correcte dont on parlait le hongrois, que la plupart d'entre eux ne connaissaient pas ; et ainsi purent être grossies démesurément les nationalités slave, allemande, roumaine. Malgré tant de soins, le nombre total des Magyars resta le plus fort et celui des Allemands le plus faible. En 1857, l'autorité n'ayant plus l'état de siége à sa disposition, n'osa pas faire le dénombrement des habitants par race, ni dans la Hongrie proprement dite ni dans les pays anciennement annexés, — sachant bien qu'elle y trouverait beaucoup plus de Magyars qu'il ne lui plaît d'en voir. La classification ethnographique fait complétement défaut dans le recensement du 31 octobre 1857.

Ce fait est très-significatif. Il surprit d'abord. Les âmes naïves ne comprirent pas qu'après dix ans d'oppression absolue et de germanisation forcée le gouvernement pût encore redouter de rencontrer trop de Magyars en Hongrie; les événements se sont chargés de démontrer que, sur ce point du moins, les hommes d'Etat de l'Autriche avaient bien jugé la situation. Depuis l'année dernière, au milieu de l'agitation légale par laquelle la Hongrie a révélé au monde qu'elle n'était pas morte, pas même endormie, les nationalités ont trouvé cent prétextes divers de prouver hautement qu'elles n'ont point pardonné à l'Autriche de les avoir trompées, qu'elles sont prêtes à coopérer à la réparation des malheurs dont leur sanglante rivalité a été la cause principale.

Les « démonstrations » et les « manifestations » qui, depuis un an, se succèdent dans les pays de la couronne hongroise sont trop connues, grâce au retentissement que leur donne la presse européenne, pour que nous sentions le besoin de les raconter ici. Pour quiconque les a suivies avec quelque attention, le revirement complet qui s'est opéré dans les rapports des races qui cohabitent sur le territoire hongrois, ne saurait faire l'objet du moindre doute. Voilà ce que ne peuvent nier les Autrichiens les plus acharnés contre la Hongrie. Aussi se contentent-ils d'objecter que la *coalition* des races est toute factice; s'il arrivait qu'elle produisît le renversement du pouvoir central, aussitôt après elle se dissoudrait en des conflits semblables à ceux auxquels, naguère, l'armée austro-russe étoit redevable de la majeure partie de sa victoire sur la Hongrie. Délivrés du despotisme viennois, les Serbes, les Croates, les Roumains, les Saxons retrouveraient dans les Magyars les *oppresseurs* d'autrefois: car ceux-ci, — toujours d'après les officieux souteneurs de l'oppression unitaire, — n'aspirent qu'à une chose, à *subjuguer leurs rivaux.*

Toute l'histoire de la Hongrie, nous en avons déjà fait la remarque, a répondu d'avance aux objections de ce genre. Les Croates, les Serbes, les Roumains, les Saxons, ont eu le temps de se rappeler cette histoire, durant les onze années du triomphe incontesté de l'Autriche sur ses peuples. N'ayant été ni opprimés, ni absorbés dans le passé par les Magyars, ils ne craignent pas non plus d'être à l'avenir opprimés, absorbés par eux : ils ont *expérimenté* en quoi diffère le génie hongrois du génie autrichien. Celui-ci est la négation même de la nationalité et de la liberté; l'autre est l'affirmation et la conciliation de ces deux principes.

Ce qui mine de fond en comble l'échafaudage des contre-vérités dont les officieux publicistes aux ordres de l'Autriche chargent le présent et l'avenir de la Hongrie, relativement à la question des races, c'est ce que les Hongrois eux-mêmes ont offert de positif à leurs frères égarés après les avoir vaincus, ce qu'ils n'ont pas cessé de leur offrir, une fois le désastre consommé pour tous. La générosité ou, pour mieux dire, le libéralisme des Magyars d'hier et d'aujourd'hui, a une signification non moins grave pour l'Autriche, non moins heureuse pour la future liberté des peuples, que le repentir de ceux qui s'étaient faits pour leur malheur les soutiens du despotisme.

Au moment où se produisit l'intervention russe, les auxiliaires de l'Autriche étaient tous vaincus, comme les armées impériales elles-mêmes. La Transylvanie ayant été reconquise par Bem, il n'y restait plus guère que quelques bandes valaques qui fussent encore en armes, mais toutes prêtes à signer la paix. Les Saxons, dont les villes étaient tombées au pouvoir des vainqueurs, se soumettaient ; les Serbes, dont Perczel avait brisé l'énergique résistance, rentraient, amnistiés, dans leurs foyers. Comment la Hongrie libérale usera-t-elle de cette situation si favorable aux projets qu'on lui prête? Se vengera-t-elle? punira-t-elle les nationalités « révoltées? » Mais non, Bien loin de là, la Diète hongroise s'empressa de consacrer la victoire remportée sur les races rivales par une loi de réconciliation, présentée par M. Szemere, président du cabinet, dans la séance du 28 juillet 1849, et adoptée par acclamation.

Voici les stipulations les plus importantes de cette loi qui ne restera pas une lettre morte, quoique les événements n'en aient pas permis la mise à exécution immédiate :

« I. Le libre développement de toutes les nationalités établies sur le territoire de la Hongrie est garanti par les dispositions ci-après :

« II. Dans les affaires gouvernementales, administratives, législatives, militaires, la langue hongroise restera langue officielle. — Pour les autres idiomes en usage dans le pays, il est statué comme il suit :

« III. Dans les assemblées communales, tout citoyen pourra s'exprimer soit en sa langue maternelle, soit en magyar; le procès-verbal des séances sera dressé dans la langue librement choisie par la majorité.

« IV. Dans les congrégations des comitats, chacun de ceux qui ont le droit de voter pourra s'exprimer soit en hongrois, soit en sa langue propre ; dans les comitats où l'une des nationalités dépasse la moitié de la population entière, on adoptera pour la rédaction des procès-verbaux la langue de la majorité...

« V. Quand, dans les cours d'assises, ainsi que dans les tribunaux de première instance, il y aura procédure verbale, le principe admis à l'article IV sera également appliqué.

« VI. La langue pour le commandement de la garde nationale de chaque commune sera celle qui aura été adoptée pour les affaires communales.

« VII. Dans les écoles élémentaires, l'enseignement se fera toujours en la langue de la commune ou de l'église.

« VIII. Sur les registres de l'état civil des paroisses, et en général pour les affaires ecclésiastiques, on se servira toujours de la langue de la paroisse.

« IX. On sera libre d'adresser des pétitions rédigées en n'importe quelle langue, à toutes les autorités, quelles qu'elles soient.

. . . .

« XIV. On nommera à toutes les dignités et à tous les emplois, selon le mérite et les capacités de chacun, sans jamais avoir égard ni à la langue ni à la religion. »

Cette loi, sans compromettre l'unité de l'État hongrois, satisfaisait les légitimes désirs des races non-magyares, au point qu'aucune d'elles ne l'aurait rejetée, même en juillet 1849, comme une concession tardive; l'invasion russe, par malheur, les a mises dans l'impossibilité de se prononcer. Faut-il comparer le régime qui aurait ainsi été *imposé* après la victoire par les Magyars, à celui que l'empereur François-Joseph *octroya,* — en récompense! — à ses auxiliaires? La différence saute aux yeux. On comprend qu'elle ait inspiré les plus sérieux regrets, sur leurs égarements de 1848-49, aux nationalités non-magyares. Si l'Europe occidentale s'était opposée à ce que le Czar rendît la Hongrie à son frère de Vienne, les Magyars d'une part, les Serbes, les Croates, les Saxons, les Roumains d'autre part, auraient évidemment scellé onze années plus tôt la réconciliation qui s'opère aujourd'hui entre eux tous et, jouissant d'une liberté commune, ils auraient depuis lors grandi et prospéré les uns à côté des autres.

Nous ne pensons cependant pas que la loi de 1849, quelque libérale qu'elle fût, soit le dernier terme des concessions que les Magyars sont disposés à faire pour combler les vœux de leurs frères non-magyars. Pour s'en convaincre, il suffit de lire le *Projet d'organisation politique* écrit en 1851 par L. Kossuth et qui, nous en avons la certitude, serait signé aujourd'hui par tous les patriotes sincères, eussent-ils jadis été les plus fougueux *Magyaromanes.* Dans l'avis de l'ancien gouverneur de la Hongrie, l'organisation future de son pays devra avoir pour base la souveraineté du peuple, exprimée par le suffrage universel, réalisée non dans un pouvoir central, mais circulant, si l'on peut s'exprimer ainsi, à travers tous les organes dont l'État se compose. Elle se traduirait dans la famille, dans la commune, dans le groupe départemental appelé *comitat,* par l'autonomie de la famille, de la commune, du comitat, pour toutes les affaires qui les concernent spécialement. Les délégués suprêmes du peuple souverain, — pouvoir législatif, pouvoir exécutif, — en une organisation fédérale telle que celle que Kossuth propose pour son pays, n'ont d'autre mission que de veiller aux intérêts généraux de tous les citoyens et au maintien de l'autonomie pleine et entière des groupes municipaux et des individus (1).

Parmi les droits individuels, droits que la souveraineté populaire doit sauvegarder et non restreindre, il en est un, — *le droit d'association*, — duquel l'éminent publiciste dégage, avec une saisissante logique, la solution de la question des nationalités.

« Il est des pays, dit-il, dont les habitants parlent des langues différentes. Qu'adviendra-t-il, dans l'intérêt de la nationalité? Les habitants se partageront-ils le territoire de l'Etat d'après les idiomes? Cela est ou matériellement impossible, parce que les nationalités sont entremêlées, ou du moins c'est politiquement impossible sans exposer l'État à une dissolution, partant sans porter préjudice au droit et à la sécurité des citoyens des autres nationalités.

« L'État suppose une nation, mais la langue n'est point l'unique criterium de l'existence d'une nation. L'unité de la langue ne suffit pas à constituer l'unité de la nation, et la différence des langues n'empêche pas l'unité de la nation. La langue de l'Angleterre est la même que celle des États-Unis d'Amérique, et pourtant l'Angleterre et les Etats-Unis ne seront jamais une seule nation. D'autre part, aux États-Unis, on trouve des habitants qui parlent l'anglais, l'irlandais, le français, l'espagnol, le hollandais, l'allemand, l'italien, et Dieu sait quelles autres langues. Néanmoins, en dépit de cette diversité de langues, les habitants des États-Unis ne forment-ils pas une nation? Et ne serait-il pas affreux de prétendre démembrer les États-Unis selon les idiomes?

« Autre exemple. Est-ce que la Suisse n'est pas une nation parce qu'on y parle l'allemand, le français et l'italien?

« Que feront donc, dans l'intérêt de la garantie et du développement de leurs nationalités, les habitants d'un État parlant différentes langues?

« Ils feront ce qu'ils font afin de développer et de garantir leurs intérêts religieux : ils s'associeront.

« La communauté de langue est d'intérêt social au même titre que la communauté de croyance. La nationalité est un intérêt social, absolument comme la religion.

« Les citoyens faisant partie de telle ou de telle nationalité, s'uniront par communes, dans l'intérêt de leur nationalité. A l'aide de délégués, ils s'associeront en districts, et les districts seront groupés en une communauté nationale. Ils s'organiseront ensuite comme bon leur semblera. Ils nommeront UN CHEF NATIONAL, qu'ils appelleront voïvode, hospodar, ou n'importe de quel nom. A leur communauté nationale, si cela leur convient, ils joindront le gouvernement de leur église et de leurs écoles, et feront des statuts conformément auxquels ils administreront leur société. En un mot, jouissant d'une parfaite autonomie, ils arriveront au développement de tous les intérêts moraux et sociaux, dont l'ensemble comprend ce que l'on nomme la nationalité.

« Cette association n'a rien de commun avec l'État et l'État n'a rien de com-

(1) On trouvera le texte complet de cet important document dans l'*Histoire politique de la Révolution hongroise* (vol. Ier, p. 365 à 390), que MM. Iranyi et Chassin viennent de publier. (Paris, Pagnerre, 1860.)

mun avec elle. L'État ne lui demande qu'une chose, c'est qu'elle agisse et discute publiquement... »

Jusqu'à quel point se réalisera dans la pratique l'organisation constitutionnelle proposée par Kossuth à ses concitoyens? Nous ne saurions le dire. Du reste, nous n'avons pas la mission de déterminer le cours que les événements doivent suivre. Rien, toutefois, ne nous paraît plus conforme au génie hongrois que cet heureux accord de la liberté et de la nationalité, que cette unité gouvernementale couronnant l'autonomie départementale et communale, cette harmonie des tendances générales au-dessus de la libre diversité des intérêts particuliers; nous croyons que là est l'avenir non-seulement pour la Hongrie, mais aussi pour beaucoup d'autres pays.

VII.

On a dit avec raison de certaines dynasties qu'elles ne savent ni oublier, ni apprendre. Les peuples, par bonheur, n'oublient pas toujours et souvent ils apprennent. Que l'on considère l'Italie telle qu'elle se manifeste, surtout depuis l'année dernière, et l'on reconnaît du premier coup d'œil que les tristes expériences des années 1848 et 1849 n'ont point été perdues pour elles. Est-il permis de faire aux populations hongroises l'injure gratuite de les supposer moins raisonnables, lorsque tout prouve le contraire?

Les deux pays frères, Italie et Hongrie, échouèrent en partie, il y a onze ans, contre le même écueil : au midi et au nord des Alpes, l'esprit libéral et unitaire n'avait pas encore acquis son plein développement, toute sa prépondérance légitime sur les aspirations locales et étroitement nationales. De cette faiblesse, les Italiens sont évidemment guéris : à cette heure ils se trouvent unanimes, et par-là invincibles, en face de leurs ennemis multiples; les autonomies locales se sont effacées devant l'unité nationale. D'autre part, on voit en Hongrie se produire spontanément une réaction irrésistible contre le particularisme national qui divise et affaiblit, en faveur de la liberté générale qui unit et fortifie. Toutes les nationalités du moyen Danube sont maintenant convaincues que les intérêts particuliers de race et de langue sont dominés par l'intérêt commun de la liberté générale; celle-ci, du reste, peut seule sauvegarder sérieusement, assurer pour l'avenir la satisfaction de ces intérêts particuliers eux-mêmes. Croates, Serbes, Roumains, Allemands, Magyars, agissent dans le même sens, pénétrés de la même idée, prêts à se rallier comme un seul homme autour du drapeau tricolore du droit et de la liberté.

De l'ensemble de cette situation il résulte : d'abord, que le péril couru par la domination autrichienne est immense ; ensuite, que la victoire, déjà remportée au tribunal de l'opinion publique, et qui le sera bientôt dans la réalité des choses, sera tout naturellement assurée par les mutuelles concessions des races sur la base de la liberté politique, à laquelle elles aspirent toutes avec la même ardeur.

Certains publicistes, nous ne l'ignorons pas, ont essayé de mettre en contradiction les deux principes dont vit le monde moderne : la nationalité et la liberté. Rien n'est plus faux et rien n'a été plus fatal et à la liberté et à la nationalité. Que les peuples tantôt essaient de parvenir à l'indépendance nationale par la liberté politique, qu'ils choisissent tantôt la voie opposée, n'importe ; les deux principes, au lieu de s'exclure, marchent de pair, luttant, triomphant et succombant ensemble. C'est ce que l'on a vu à l'époque contemporaine en Grèce, en Belgique, en Allemagne, en Moldo-Valachie, en Italie. Partout, en conquérant l'autonomie nationale, les peuples ont également recouvré la liberté ; partout, sous le soleil de la liberté, l'élément national s'est développé avec force et vigueur.

Les peuples de la Hongrie ne font point exception à cette règle générale ; là aussi, le joug qu'il s'agit de briser est un régime à la fois étranger et absolutiste. Leur renaissance doit donc être logiquement nationale et libérale ; car s'ils repoussaient une liberté offerte au prix de leur nationalité, jamais non plus ils ne chercheront la satisfaction de leurs aspirations nationales dans la négation, dans l'anéantissement de la liberté commune.

Les difficultés soulevées par l'intrigue entre les races n'ont plus de prise depuis que toute la Hongrie a compris les vraies tendances du gouvernement autrichien. Toutes les populations de l'ancien royaume de Saint-Étienne, sans distiction de race, voient dans le cabinet viennois l'objet de leur double désaffection : c'est le gouvernement germanisateur à tout prix, qui étouffe leurs aspirations nationales ; c'est le gouvernement absolutiste au dernier degré, qui anéantit leurs libertés séculaires. Voilà ce qui donne au mouvement hongrois cette merveilleuse unité qui déjà le rend invincible.

L'Europe libérale commence, elle aussi, à entrevoir les rapports intimes qui existent entre les aspirations nationales et les tendances progressives de notre époque : si ses sympathies se manifestent si unanimes, si vives pour les causes nationales, c'est qu'elle sait parfaitement que l'Italie délivrée du joug de l'Autriche est un terrain de plus conquis au développement de la liberté et du progrès; que le jour où la Hongrie s'appartiendra ce sera pour se donner à la liberté. Ou plutôt elle se redonnera. Qui ignore que la *Bulla aurea* qu'Andréas II dut accorder aux Hongrois, est de la même date, à peu d'années près, que la *Magna Charta* des Anglais; que la première sur le continent, la nation hongroise a possédé des institutions parlementaires qui, durant des siècles et jusqu'en 1849, ont fonctionné sans interruption? Sous ce rapport encore, la Hongrie a donc fait ses preuves; ce n'est jamais chez elle que le triomphe du principe de la nationalité pourrait être acheté aux dépens du principe de la liberté. Nationalité et liberté s'y tiennent, au contraire, le plus étroitement, et c'est parce que la Hongrie lutte sous l'égide de ces deux divinités, les plus puissantes du monde politique moderne, que sa victoire est sûre et proche.

Nous croyons qu'aucun État ne serait plus solide que la Hongrie autonome et fédérée; sa constitution aurait cela de particulièrement important pour l'Europe, qu'elle y trouverait le modèle et le noyau d'une Confédération Danubienne, au moyen de laquelle serait aisément résolue, sans danger de guerre universelle, sans péril pour l'équilibre général, la question d'Orient, restée jusqu'à ce jour insoluble, et qui, en ce moment, se dresse devant l'Europe, réclamant une solution prompte et radicale au nom du sang innocent qui coule à flots en Syrie.

La solution que l'Empereur Napoléon III désirait donner à la question nationale au midi des Alpes n'a pas pu se réaliser, parce qu'elle n'était, à vrai dire, qu'une demi solution dans un pays où la race est une. En Italie, la confédération n'eût pas été autre chose que ce qu'elle est en Allemagne, une préparation à l'unité. Mais, sur les bords du Danube, entre Vienne et Constantinople, la diversité des races rend l'unité impossible, et la fédération y est une solution complète. Par elle et par elle seule, égale satisfaction peut être donnée aux aspirations nationales et libérales des populations qui frémissent sous le double joug de l'Autriche et de la Turquie.

FIN.

www.ingramcontent.com/pod-product-compliance
Lightning Source LLC
LaVergne TN
LVHW020304230826
846091LV00006B/2526
9782011781277